Género Ficción histórica

Pregunta esencial
¿Qué elección es mejor para nosotros?

Yolotzin y el maíz

Rosa Oriolo
ilustrado por Francisco X. Mora

Capítulo 1

La gran elección

Me levanté muy temprano. Era un día hermoso y cálido y no podía dormir. Hacía varios días que había un gran alboroto en mi familia.

Nos preparábamos para ir al pueblo vecino. La visita al mercado siempre era una fiesta para nosotros.

Desde hacía ya varios días, todos se acostaban muy tarde. También se levantaban antes de la salida del sol. Los adultos de la familia preparaban los granos de maíz y los tamales para vender en el mercado.

Los niños mirábamos cómo se preparaban los adultos. A veces, cuando había alguna actividad en la que yo pudiera colaborar, mi mamá me decía:

—Yolotzin, deja de curiosear y ayúdanos un poco. Tenemos muchas cosas que hacer.

Pero ese día, toda la familia iría a cultivar el maíz. Era muy divertido para mí ir a los cultivos con mis padres y mi hermano.

Correr a las aves junto al barranco cercano y jugar en el río eran mis tareas preferidas.

Miztli es mi hermano menor. En nuestra lengua náhuatl, Miztli significa puma.

Miztli es muy valiente. Pero no le gustaban mucho los pumas. Él prefería cosechar el maíz. Era mucho más divertido. Y a mí me gustaba mucho acompañarlo.

Antes de volver a casa, Miztli y yo nadábamos en el río mientras mamá nos cuidaba.

AHORA COMPRUEBA

¿Adónde iba Yolotzin con su mamá, su papá y su hermano?

Capítulo 2

Tamales y tortillas

Al día siguiente, papá estaba acomodando en las cestas el maíz que habíamos cultivado.

—¡Yolotzin! —llamó mi hermano Miztli desde lejos—. ¿Nos ayudas con el maíz?

—¡No puedo! —le respondí—. Ahora ayudaré a mamá y a la abuela a preparar las tortillas para llevar al mercado.

Sin embargo, también me hubiera gustado ayudar a papá. Pero debía hacer una elección. No podía estar en dos lugares al mismo tiempo.

—¿Difícil elección, verdad? —dijo mi abuela riendo.

Ella entró a la cocina con una gran cesta llena de maíz en sus brazos.

Mi abuela tenía razón. Hacer tamales y tortillas también era una buena elección.

—¿Me enseñas a preparar las tortillas? —le pregunté a mi abuela—. Quiero aprender a preparar la masa de maíz.

—Sí, claro. ¡Preparar la masa es divertido! —respondió ella.

—Hoy podrás hacer lo que más te gusta, Yolotzin —dijo mi mamá sonriendo.

—¡Qué bueno! ¡Podré lavar el maíz! ¡Dejaré que el agua moje abundantemente los granos! ¡También quitaré la cascarilla!... ¡Y jugaré con agua, que es lo que más me gusta!

—Muy bien, niña —respondió mi abuela—. Luego yo moleré los granos de maíz en el metate para hacer la pulpa.

—Y también quiero ayudar a hacer las tortillas —respondí.

Aprendí a hacer la masa para las tortillas. Me encantaba dar palmaditas a la bola de masa y hacer una pequeña torta entre mis manos.

¡Qué buena elección que hice! ¡Pudimos preparar muchas tortillas gracias a mi elección!

AHORA COMPRUEBA

¿Qué quería aprender a hacer Yolotzin?

Capítulo 3

El mejor cultivo del mundo

Mi familia siempre había cultivado el maíz.

Papá me contó que el maíz es el alimento más antiguo del mundo. Además, es el alimento más saludable.

Sin el maíz, nuestro pueblo no podría sobrevivir.

Papá tenía razón. El maíz era lo más importante del mundo. Para mis padres y mis abuelos, lo era.

¡Y para los padres y los abuelos de las otras familias también!

En mi pueblo, las familias regalaban tamales a sus amigos y vecinos en todas las fiestas.

Detective del lenguaje

El verbo subrayado en esta página, ¿está conjugado en tiempo pretérito o en presente?

Y cuando nació mi hermanita menor, mamá y la abuela hicieron una gran variedad de tamales para ofrecer a los vecinos.

En nuestro pueblo, cada vez que nace un niño se ofrecen tamales. Es una fiesta para todos.

Yo estaba muy feliz de haber ayudado a mamá y a la abuela.

Después de todo, preparar tamales y tortillas para llevar al mercado fue muy divertido. ¡Y cómo disfrutaba cuando los saboreaba!

Al anochecer, mi hermano Miztli y papá ya habían acomodado todo el maíz en las cestas.

¡Estuvimos todos muy ocupados ese día!

El maíz no solo es importante como alimento. Sus hojas se usan para hacer artesanías muy bonitas. Ya se usaban en las generaciones anteriores.

A mi abuelo le gustaba hacer cestas y manteles con las hojas del maíz. Primero, separaba los hilos de la hoja. Luego, usaba los hilos para tejer.

El abuelo ha hecho un hermoso cesto y un mantel para la familia.

Detective del lenguaje

El verbo subrayado en esta página, ¿está conjugado en tiempo pretérito o en futuro?

A la mañana siguiente, partimos hacia el pueblo vecino.

Llevábamos varias cestas con tamales y tortillas.

El camino hacia el pueblo es muy bonito. Atravesamos un valle y una pequeña montaña.

En el mercado, muchas personas compraron el maíz, las tortillas y los tamales que llevamos. ¡Todos decían que nuestras tortillas estaban deliciosas!

Ahora entiendo por qué el maíz es tan importante. Es nuestro alimento principal. Además, es muy sabroso.

¿Será por eso que las personas cultivan tanto maíz?

AHORA COMPRUEBA

¿Por qué la familia preparó muchos tamales y tortillas?

Respuesta a la lectura

Resumir

Usa detalles del cuento para resumir *Yolotzin y el maíz*. El organizador gráfico te servirá de ayuda.

Evidencia en el texto

1. ¿Cómo sabes que *Yolotzin y el maíz* es un cuento de ficción histórica? **Género**

2. ¿Desde qué punto de vista está narrado *Yolotzin y el maíz*? **Punto de vista**

3. ¿Cuál es la raíz de la palabra *tortilla* en la página 8? **Raíces de palabras**

4. ¿Qué le gustaba hacer al abuelo de Yolotzin? Escribe un párrafo con tus propias palabras. **Escribir sobre la lectura**

Género **Instrucciones**

Compara los textos

Lee sobre cómo hacer mantelitos de papel.

Mantelitos de papel

Tejer es una destreza que ha existido durante mucho tiempo. Las personas han tejido bolsos para transportar objetos. Han tejido alfombras y mantas para mantenerse abrigados. No siempre tejer es difícil. Puedes hacer mantelitos de papel tú mismo.

Qué necesitas:

- dos hojas de papel de color, cada una de 12 pulgadas de largo y 9 pulgadas de ancho
- regla
- lápiz
- tijeras

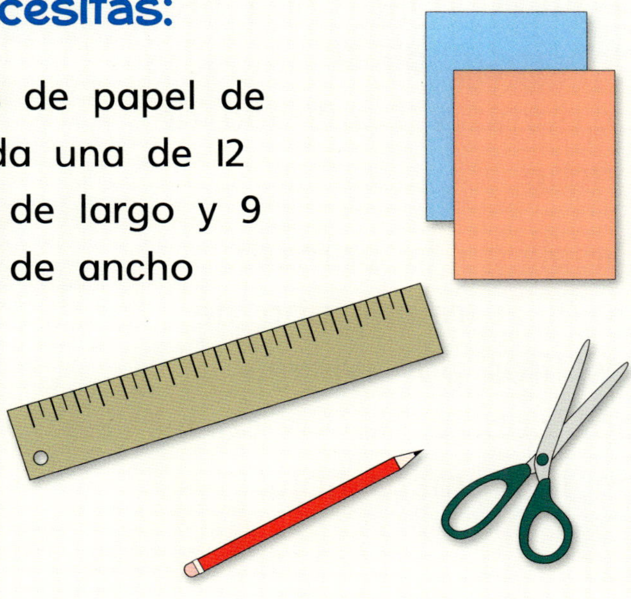

Cómo se hace:

1. Dobla una hoja por la mitad.
2. Usa la regla para trazar una recta por el extremo abierto del papel. Traza la recta a 1 pulgada del borde.
3. Haz cortes separados por espacios iguales hasta la recta.
4. Recorta tiras de la segunda hoja. Cada tira deberá medir 9 pulgadas de largo y 1 pulgada de ancho.
5. Despliega la primera hoja. Entrelaza una de las tiras por encima y por debajo de los cortes de la primera hoja.

6. Entrelaza la siguiente tira a través del papel, cambiando el orden en que va la tira por encima y por debajo.

7. Continúa entrelazando las tiras a través del papel, alternando el orden cada vez. Sigue hasta que hayas terminado.

Haz estos mantelitos en una variedad de colores. Luego, los puedes usar en la mesa para la cena. ¡Disfruta de la comida saludable que comes sobre tus mantelitos de colores!

Haz conexiones

¿En qué momento hacer mantelitos de papel es una buena elección? **Pregunta esencial**

¿Quién hace manteles en *Yolotzin y el maíz*? **El texto y otros textos**

Enfoque: Género

Ficción histórica Un cuento de ficción histórica es un relato con personajes inventados que participan de sucesos históricos de la vida real, y a veces también tiene personajes reales del pasado.

Lee y descubre En *Yolotzin y el maíz*, una niña disfruta mientras ayuda a su familia a prepararse para ir al mercado que está en el pueblo vecino. Allí, la familia venderá maíz, tortillas y tamales. En la vida real, los aztecas preparaban maíz, tortillas y tamales y los vendían en los mercados.

Tu turno

Piensa en algún alimento saludable que se conozca desde hace tiempo y escribe una ficción histórica sobre el mismo. Asegúrate de incluir datos históricos reales en tu cuento, así como personajes inventados.